AF367420

Fernando Pamos de la Hoz

CAYÓ LA NOCHE

ISBN papel: 978-84-686-6160-5
ISBN digital: 978-84-686-6161-2

Impreso en España

Editado por Bubok Publishing S.L

Cayó la noche

Fernando Pamos de la Hoz

bubok EDITORIAL

A mis padres –los pobres–, náufragos de todos los mares.

A MJ y a todos los que se fueron del mundo sin vivir.

A los seres frágiles y tiernos que son devorados sin remisión.

A los que creen que viven –qué es vivir– y sólo es una terrible impostura.

A Pilar, que me prestó sus ojitos porteños.

"Llegué por el dolor a la alegría.
Supe por el dolor que el alma existe.

Por el dolor, allá en mi reino triste,
un misterioso sol amanecía.

Era alegría la mañana fría
y el viento loco y cálido que embiste.
(Alma que verdes primaveras viste
maravillosamente se rompía).

Así la siento más. Al cielo apunto
y me responde cuando le pregunto
con dolor tras dolor para mi herida.

Y mientras se ilumina mi cabeza
ruego por el que he sido en la tristeza
a las divinidades de la vida".

José Hierro

"Villanía existencial
reclamo indulgencia
la plena y de derechos,
no la accesoria que inhabilita.

Un atisbo de pelo enmarañado
un teatro que limita la vida
los espacios colmados de tiempo
una ilusión nunca aparecida".

Fernando Pamos de la Hoz

ISBN papel:
ISBN digital:

Impreso en España

Editado por Bubok Publishing S.L.

ÍNDICE

PRÓLOGO

¿Cómo y qué se puede escribir de una vida, cuando de la propia se trata?

La imparcialidad salta por los aires y el autor de lo escrito se arriesga a perder credibilidad por la obligada subjetividad de los recuerdos.

Esas pinceladas, diluidas ahora en el agua que significa el tiempo pasado, conformarán un paisaje claramente inexacto que en algún caso nada tendrá que ver con la realidad.

Eso es así y no debe llevar a perder veracidad a lo sucedido, pues ni siquiera en el presente, sin la losa del paso del tiempo, el que percibe lo hace con total exactitud ni de la misma manera que la persona que tiene al lado.

¡Cuánto más con hechos tan lejanos y que el cerebro en parte ha querido borrar para poder vivir!

Son eventos recordados siempre los propios, por encima de otros que fueron olvidados y que por ajenos no tuvieron ese sentimiento de pertenencia que hizo que se engarzaran y pervivieran. Los íntimos, intensamente vividos, son los que dejan huella. Es la vida de uno la que finalmente nos ata al mundo de los sentidos, el perceptible por cognoscible, el doloroso por vivido.

No podemos vivir ni experimentar lo del "Otro". Es nuestra historia la única que dará forma al relato. Podemos compartir con ese "Otro", siempre en mayúscula desde su dignidad inherente y por la importancia que ostenta como individuo e interlocutor, nuestra vivencia. Él da oportunidad a que surja la vivencia escrita. De hecho, sin ese "Otro" no habría ni vivencia ni relato, porque la misma supone "un contarla", y ese "Otro" es esencial para hacerle partícipe del mismo (e incluso por haber formado parte de esa misma vivencia, pero en un papel de "tercero" testigo).

Así, este diálogo con el lector implica compartir un dolor, repartirlo y de esta forma "aminorarlo" para el que lo describe.

Sin embargo es un compartir ficticio, pues en ese daño que lleva lo escrito no hay un trasvase efectivo de sufrimiento –o alegría, en su caso–. Y además así debe ser, pues bastaría entonces con describirlo, para pasarle al "Otro", en un actuar injusto, ese sufrimiento a manos llenas. Compartir, pues, sí, pero con la limitación ya advertida de la individualidad, absoluta que tiene el personaje que narra y lo imposible de hacer "co-partícipes" en el dolor de lo narrado, por íntimo y personal.

Así, hablar en forma novelada de asuntos de familia que tanto han marcado, supone un esfuerzo que nos derrota en cada jornada empleada, tanto por el hecho mismo de recordar –el dolor atraviesa el papel hasta doblarlo–, como por la impresión que lo rememorado nos causa ahora años después, cuando nuestra madurez y la experiencia nos indicarían caminos y puertas que antes no vimos y que hubieran significado una clara salida ante la adversidad –la frustración ante una solución nunca antes pensada–.

Todas las familias felices se asemejan, pero cada familia infeliz lo es a su manera. Así fue la historia que ahora quiero narrar. Es la vigencia, meditada, paciente, infinitamente pensada y rumiada –y ya reposada–, de esa infelicidad, la que pone alma a lo ahora escrito.

El protagonista de los siguientes capítulos cifró una mejoría de su salud física y mental en poner tiempos y adjetivos a su vida –si bien a una parte, que es la que ahora le desbordaba–, compaginando sus recuerdos con esa dolencia de la que ahora debía cuidarse.

Tomó como parte de su obligada terapia el exorcismo en el que este libro consiste, mezclando elementos verdaderos, y reconocibles para quien estuvo cerca, con apuntes de ficción que son un deseo escondido, una tabla de salvación contra lo que le pueda todavía llegar.

Los ojos que aparecen como ensoñación son un claro ejemplo de lo último. Esos ojos como deseo de amor eterno, como salvación frente al frío de vivir, aparecen y desaparecen, pero mantienen una temperatura estable a esa existencia que le impiden tomar una decisión fatal definitiva. Ojos limpios de odio, de miseria y egoísmo. Ojos que son luz en las tinieblas de la desdicha y en el túnel del final.

El dolor extremo de vivir, la angustia existencial, el miedo al miedo. Todos estos elementos son el día a día del protagonista, en una lucha heroica por salir adelante y huir de una decisión, que unos llaman "fatal" y él la denomina "descanso final", definitiva.

No pretende en este sortilegio rendir cuentas con nadie. Si acaso con la suerte maldita que supuso que todo el dolor cayera del mismo lado como cae la moneda del lado de la soledad.

Busca también en esta recta final, la suya, que ya asoma en el horizonte, impedir que sus descendientes olviden y que con el fin natural, el de quienes lo vivieron, no se pierda en la historia el trance pasado.

La justicia, elemento nuclear en su profesión, aquí adquiere un tinte distinto. Es una justicia poética la que aquí ostenta relevancia y la que encumbra a seres dolientes que fueron literalmente tragados por un mundo que se le antoja en este momento de su vida, miserable, triste, cruel y sin sentido.

La situación del protagonista fue la peor, pues se le obligó a seguir andando por la tierra con un inmenso saco a la espalda del que la muerte le hubiese liberado.

Quizás no se merecía tanto esfuerzo, o si anduvo el camino, sorteando una posible muerte, fue para dar este testimonio. En todo caso hoy en día asume como ciertas las muestras de admiración, por su fortaleza y enconada lucha contra la rendición, que le prodigan los que le quieren.

Confiesa el mismo protagonista que a veces mantiene una viva tentación de poner fin a todo, cuando la desesperación de vivir y en el vivir le arrincona. Esa opción vital la considera legítima y, precisamente, como reverso de la idea, el hecho de mantenerla ahí factible, le da alas para continuar su camino por esa peculiar y doliente senda que es su vivir.

Estas hojas que a continuación vienen, lo hacen sin ánimo de revancha con la existencia desde lo narrado.

No pretenden rendir cuentas con la adversidad y sí intentar curarse a través de lo escrito.

Si lo conseguirá o no es cuestión de tiempo.

Aquí pues su homenaje, en la figura de una concreta persona, a todos los seres inmensamente frágiles, inocentes, especiales, sensibles, sentidos, austeros, auténticos y alejados del mundo prostituido de los adultos, que les rechazó por no saber ni querer subirse a ese tren con trayecto a la "Normalidad" y paradas en lugares tan detestables como "lo políticamente correcto", "las familias tradicionales", "el seguimiento ciego al líder" y "el obligado consenso social".

Que la tierra que no les fue nunca leve les haya llevado al soñado paraíso, y que la verdadera protagonista de este ejercicio curativo, una rebelde con todas las causas imaginables, y no, como motor de su acción, descanse y duerma como la niña enfadada que siempre fue.

No cabe duda que donde ahora more estará jugando con su "Bambi" de peluche, ajena al mundo hipócrita y maldito que se la tragó.

Madrid, comienzos del 2015.

PRIMER CAPÍTULO

Reconstrucción
(no siempre los huesos aguantan el peso).
Xoel López

"Hoy me apetece escribir. En nada, dos años, cumplo 50 y mi herida "interna" se acrecienta. Lo pongo entre comillas porque es una herida que no tiene nombre y no se sacia. No supura ni cicatriza. No retrocede y sí avanza.

No tiene que ver con la edad, como tal, en esas concretas cifras, y una supuesta crisis que fuera típica, por inmadura, de hombres que se fugan con mujeres operadas, de senos prietos y culo respingón. No es mi caso.

A veces no quiero vivir. Cuando las mañanas empiezan y abro los ojos, como el maravilloso (dios, qué ser!) Jack Shephard de Lost, al principio y final de la serie, me golpea un viento de infortunio que considero una traición a los verdaderos perdedores de la historia (de hecho dios ha de existir sólo para poder resarcir a todos esos pobres desgraciados, con amagos de vida, que en la historia han existido. No hay otra razón).

Es algo que nunca podré explicar. Por qué teniéndolo todo no tengo "nada". Debe haber otra forma de vivir que está ahí. Lo sé y por eso lo aseguro. Detesto esos primeros momentos del despertar en los que aterrizo de un sueño que, y no es poco, me respeta ajeno a pesadillas. Ese dios del inconsciente debe pensar que mucho es darme doble ración de duelo y me protege el dormir.

La gente en la calle, de la mano en los puestos de flores y en los bares, en las azoteas de los hoteles ahora tan de moda, ríen y beben ajenos a la tragedia, o precisamente por eso, y son más listos que yo. Se quieren, comparten cañas y huevos con chistorra al tiempo que despotrican del entrenador de la selección por no convocar, es un ejemplo, a Casillas, o del político, lobo con piel de cordero, de moda y coleta colega. Eso es Vivir y me gustaría ser como ellos... ¿o acaso no porque no me sabría conducir bien?

Busqué y busqué, y seguiré buscando.

Mis "enemigos" crecen en la misma proporción que en edad, y salud, mis hijos lo hacen. Detesto compartir momentos vacíos de historias absurdas que no me llenan. Me señalan por ser vehemente y discordante. Me critican por ser directo sin diplomacia ni formas.

Me entrego sin fisuras y palpó la traición con ribetes de falsedad humana. Me desengaña el día a día tan monótono y cruel (por lo que tiene de visión lamentable de lo que realmente hay).

Me siento muy querido por mis defendidos. Saben que hago todo por ellos y que hueco me quedo en el empeño. Colecciono, y los borro con el tiempo para huir de la vanidad que me abochorna, correos plenos de agradecimientos humanos que me gustan.

Quisiera ser recordado sólo por dos aspectos. Uno el referente a mis hijos y sobrinos, lo mal que lo pude hacer, sin haber tenido guías claros, más pleno de amor y cuidados siempre demasiado extremos, y otro en el aspecto laboral– humano. Me he jugado el pellejo frente a la arbitrariedad y la miseria revestida de injusticia (aquí los ribetes son de egos revueltos de los jueces).

Me han querido mujeres, y a fe que yo he querido, que al final han sucumbido al cansancio, por una mente, la mía, llena de prejuicios, miedos inmensos y juicios anudados al deseo de plenitud e ideal de eternidad.

Nunca quise hacer daño. Si lo hice, un minuto antes ya me había dado de cabezazos, con mi culpa, mi compañera, la que me arrastra al pozo de de la desesperación y me arrincona en el sofá de casa cuando me pongo en postura fetal para protegerme del mundo, y entonces digo "voy a cerrar los ojos".

Vosotros me conocéis y sé que me queréis o cerca estaríais en su momento de hacerlo. Me hubiera encantado ser un miembro de la resistencia francesa contra los nazis. Es mi gran secreto. Casablanca y sus héroes en blanco y negro. Ese quería haber sido. Conseguir dos pasaportes para que los dos jóvenes enamorados, huyendo de la pesadilla y el desencanto de París con "Ingrid" y su desaparición, pudieran escapar a Lisboa y ser libres y quererse para siempre.

En fin. Todo esto lo escribo mientras espero a mi hijo mayor del entreno. Empecé a escribir con una canción de Mikel Erentxun, "El club de las horas contadas", que mueve todos mis resortes y dirige mi dedo en el teclado y continué hasta aquí, o quizás siga luego en casa".

Acababa de mandar este correo el día anterior a sus seres queridos, a los que hacía participes de su estado de forma constante, agotando su angustia, y algo le rondaba muy dentro sin saber qué podría ser. Habitualmente escribirles desde lo más íntimo le consolaba y calmaba, pero no era el caso de esta vez, en el que sentía una paz muy incompleta (o una muy poca aminorada desazón, en el juego de la botella medio llena o medio vacía).

Somnoliento y despistado, en la cola de la oficina de correos, esperaba el turno de recoger un paquete para su hijo pequeño. Siempre había pensado que al destinatario de ese envío postal le debía salvar de parecerse a él, pues ya apuntaba maneras que le avocarían a una continua desazón.

Ni siquiera en un lugar así dejaba de darle vueltas a los grandes interrogantes de la existencia y de su propia vida Allí, en ese sitio anodino y nada especial decidió entonces poner letra a la música que le rondaba en el estomago desde tiempo inmemorial.

No importaba la grafía que usara, era lo de menos, pero la ansiedad que emanaba de todos sus poros con el extraño nombre de "acetilcolina" le empujaba a una odisea que le dejaría exhausto en cada round que combatiera contra los recuerdos. Lo escrito esos días antes, y el descanso que sintió al hacerlo, le abrieron así la puerta a una aventura sanadora.

Llevaba tiempo barruntando esa experiencia casi mística de escribir, si de las tripas salía lo narrado. Los profesionales que le trataban, exaltando su potencial creativo, le conminaban a poner letra al sonido, como otros muchos enfermos mentales –y él siempre pensó, sin estigma, que lo era– ponen color y líneas a los cuadros que pintan, expulsando demonios internos en forma de bocas inmensas que se tragan el mundo, gemidos sin fin como reflejo de su propia alma que llora o simplemente un minúsculo punto negro sobre fondo blanco donde simbolizan la gran nausea, imagen de lo que viven, con forma de nada.

"Ay la locura" –se decía a veces–, "qué felicidad la del que por la tierra vaga sin darse cuenta de nada", y es que no sentir y no padecer conscientemente eran su súplica diaria cuando se agudizaba ese dolor de vivir.

Cada minuto que pasara poniendo discurso al soniquete tan propio, eterno por inmemorial en él, cuando ya de pequeño leía a Ciorán, el filósofo francés y rumano, le supondría un aumento de ojeras con hundimiento palpable de las cuencas de los ojos y un mayor cansancio que le conduciría muy temprano por la noche al descanso tan necesario para poder volver a empezar. Ese momento de meterse en la cama era el punto en el que convergían el destrozo del día y la posibilidad de vivir de verdad en los sueños que llegaran libremente.

Esa desubicación en la tierra que habitamos le había hecho especial (o eso pensaba). La gente murmuraba a su paso –acaso era parte de su delirio pero él lo sentía–, huía de los eventos sociales donde se reunían muchas personas y suscitaba enormes conflictos cuando no quería formar parte de los rebaños humanos.

Pobre infeliz, que un día se vistió de Don Quijote y como él empezó a vivir una irrealidad.

El salir de ese rebaño era la lección más importante que quería dejar a sus hijos. "No os creáis nada de lo que os digan", "Madurad la idea y comprobadlo", "no seáis ovejas que sigan ciegas al pastor", les solía decir, mientras los niños ponían cara de sopor y hartazgo.

¡Cuánto hubiese dado porque alguien le hubiera enseñado todas esas lecciones que tuvo que aprender después en claro combate contra todo y todos!

Aprovechaba los viajes de ida y vuelta al colegio para intentar fomentar en esos niños reglas de vida que no eran más que recetas contra su propio miedo. La proyección en él era la clave de su actuar y como tal educaba a sus hijos. Les vacunaba contra el miedo desde su miedo, en una paradoja poco prudente que la madre de los niños, desde su sentido común, deshacía para empezar de cero.

Si ya de pequeño no tuvo límites claros impuestos, ahora en el recodo de la vida, recogiendo lo sembrado, parecería que esos mismos límites le habrían ya llegado pero como contrapeso al vuelo de la madurez: ¡y es que ahora que podía vivir, era a veces, desde esa dolencia que llegó a traición, incapaz de salir de casa, e ir al supermercado se le asemejaba a una incursión en un territorio enemigo lleno de minas y francotiradores!

Su inteligencia, que nunca le faltó, era incapaz de conducirle a que comprendiera lo erróneo de su pensar. En esos momentos de pánico extremo, nada podía funcionar como cura inmediata. No había una pastilla milagrosa que le recondujera a lo real.

No dejaba a nadie indiferente y el odio que recibía a puñados, como el amor que le brindaban sus incondicionales, le colocaba en el medio de una tierra de nadie donde habitaba una orfandad fría. Era un limbo, una especie de purgatorio en el que se sentía solo, y de vez en cuando, en ese territorio árido y helado, encontraba unos ojos, bien de ida o de regreso ya, que le acompañaban en una ilusión que solo era tal.

Habitaba un lugar equidistante entre los afectos y las inquinas, que le suponía no acariciar del todo los primeros, huyendo de las segundas.

No funcionaba esa mañana el aparato de los números y un cartel, con rotulador y media cuartilla, indicaba la necesidad de mantener ese concreto orden de entregas de paquetes en fila india. La pereza vital que desde hacía unas semanas inundaba su vida, "amor de padre" se le podía denominar ahora a ese esfuerzo desplegado, no le impidió acudir al recado.

Llovía y el cielo encapotado amenazaba un fin de semana de chimenea y café.

Ese café era la pócima mágica que le esperaba al despertar y le acompañaba todo el día como premio por seguir viviendo, y la chimenea, ese invierno arreglada, le originaba, brasas mediante, un estado de relajación que le hacía mucho bien. Ni que decir tiene que cuando se juntaban el fuego y la taza con su humeante tesoro, nuestro personaje doliente dejaba de serlo un poco.

Las últimas semanas se venía posicionando en su sofá y no se habría levantado ni si el cielo, en claro aviso, hubiese anunciado el fin de la historia. Eso era así desde finales del verano, cuando cayó en picado, pero sí de los niños se trataba, esa indolencia, con tintes claramente patológicos y no simplemente molicie sobrevenida, desaparecía.

Lo recogido en la estafeta era la serie completa de "Breaking Bad" que un anónimo personaje, del que solo conocía su email y cuenta para el pago, copiaba con perfección y luego vendía, mandando lo encargado contra reembolso, con exquisita puntualidad y demostrada seriedad.

En una caja en casa se apilaban las últimas series de éxito conseguidas por esa ilegal vía. Todas las series les fascinaban, pero "Lost", "Perdidos" en castellano, era un nexo de unión con sus hijos. Veían y volvían a ver capítulos claves de la serie, y con el último, en el que el protagonista, Jack, perecía, se emocionaban los tres.

Si se trataba la copia de un delito o afrenta al creador de la obra le daba igual. Suponía, y le constaba, que mucha gente también habría usado sus escritos forenses de tantos años, sin contraprestación a cambio y recordaba cómo quiso que su primer libro pudiera ser descargado de forma gratuita.

Uno por otro, pensaba, desde su peculiar sentido de la justicia, que tantos disgustos le había causado. Esta idea que tenía de lo justo y no, le había ocasionado grandes enfrentamientos, siempre atentos, con muchos jueces, cuando no daba crédito a que "su verdad" no se impusiera (revestida como pensaba que estaba por la radical comprobación, incluso antes de la creación del mundo, de lo dicho por él).

No se había despertado esa mañana de finales de noviembre especialmente inquieto, si bien la llegada próxima de la Navidad le aterrorizaba, y su imaginación, hoy serena, no estaba para grandes alardes, aunque siempre hacía de las suyas, llevándole a callejones sin salida o a una única escapatoria que era lanzarse, y otras veces caerse, por un acantilado con forma de locura o muerte, que no siendo lo mismo, sonaba idéntico en su indefinible terror.

Por un momento imaginó –la "loca de la casa", como Santa Teresa llamaba a esa traicionera, a veces, imaginación, apareció de repente– que para librarse de las fiestas navideñas asaltaba esa sucursal de correos al grito de "esto es un atraco", sin posibilidad de escapar –no quería hacerlo–, desde la cercanía con la antigua y todavía operativa comisaría de la policía local, y las consecuencias del después.

Querría ser apresado y no vivir en permanente huida, la que hacía que en casi medio siglo nunca hubiera llegado tarde a cita alguna y se sentara siempre de lado en las sillas y cerca de las puertas de los cafés –de frente a las mismas y mirando a la calle–, sus lugares favoritos, para poder salir corriendo sin más motivo que su angustia.

Huir, dejar atrás ese momento, protegerse, regresar a la zona de confort.

Todo valía con tal de alcanzar esa seguridad que le mantendría estables los niveles que el médico había marcado como causa de su desazón y que le aumentaba y rebajaba, dependiendo del elemento químico a cuidar, con un tratamiento fuerte consistente en una mezcla de pastillas varias, de colores, e ingesta horaria distinta. Todo con tal de poder sentarse en el café, de espaldas a la puerta, lejos de ella y sin prestarla atención, y con una postura que no fuera la de medio lado en permanente fuga.

Quizás con los años descubriría que solo le perseguían sus propios fantasmas. Se asustaba de sí mismo, como la cara que en el espejo nos hiciera burla sin caer en que es la nuestra.

Esa cara últimamente era la de su padre, que veía cuando se afeitaba, con la lengua dentro de la encía para poner duro el mentón y poder pasar mejor la cuchilla, como hacía él y de pequeño le observaba. Esa figura paterna tan necesaria siempre en su vida, parecía que se asomaba para darle ánimos y llamarle "Morrosko", como con orgullo hacía de pequeño. Su padre siempre presente, su mirada melancólica, su ausencia de amigos, su gran laboriosidad. Cómo le echaba de menos!

Recordaba el penúltimo correo que mandó a los suyos, los que le sostenían, cuando se dibujó un tatuaje que le llevaría siempre a su padre –y que supondría que su padre siempre estaría con él, protegiéndole–:

"Me he tatuado en el brazo izquierdo, escondido cerca del hombro, las iniciales de mi hermana, justo ayer, día ocho, que hizo 24 años de su muerte, y la expresión "mi papá", en una vuelta a la infancia con sonido argentino. Ellos se refieren siempre al progenitor con esa maravillosa expresión, que tiene esa resonancia del niño pequeño que admira y necesita del padre. Es también un homenaje que hago al padre que soy y pretendo ser, en lo que ha significado la experiencia más plena de cuantas he vivido.

"Mi papá", fue un ser doliente, sufriente y triste como pocos. No tuvo amigos. Andaba siempre sumido en una soledad que intentaba llenar con sus poses, a veces, de felicidad, falsa, que nunca me creí.

Me encantaba, y entristecía, verle despedirnos en la puerta de su chalet de Guadarrama, cuando íbamos a verle algún sábado en verano. Miraba por el retrovisor del coche y percibía la tristeza infinita que le suponía la despedida de su hijo mayor. Le quise mucho y estuve con él, solos los dos, hasta que se apagó completamente.

Le susurraba y acariciaba, acaso dando entonces lo que querría me dieran a mí si llegara el caso. Es la paradoja de la compasión, que tu inconsciente da para recibir un día lo propio.

"Mi papá" tuvo una vida dura, muy dura. Percibió en primera persona, ya niño, lo horroroso de una existencia plena de prejuicios, en un escenario de guerra y posguerra.

No fue tampoco la persona que eligió de compañera la más adecuada, ni al revés, y les supuso ese error el arrastrar odios e inquinas mutuas hasta el final de sus días.

Con los ojos como platos, ateridos de frío, unas criaturas buscaban su sitio, el nuestro, y sus valedores, en una lucha desde el dolor, no pudieron acceder a esa demanda que se antojaba tan vital.

Pretendo así, fijando esas letras en mi cuerpo, llevándolas conmigo siempre, rendir un homenaje, póstumo y eterno, a dos seres que fueron depositados en un lugar hostil y frío, el mismo que yo habito, pero con mejores nutrientes.

Qué no darían ambos por volver atrás y poder vivir de verdad?

Valga pues mi tatuaje de ofrenda, y como todavía me quedan mis poetas y sus musas por homenajear, lo mismo os pido prestado un trozo del vuestro para plasmar a quien me colmó de hermosura escrita".

Un día se dará cuenta, escribirán sus hijos, de que esa angustia era pura huida de él y sus espectros y que no habría otro remedio más que el paso del tiempo y el cansancio vital (o acaso la muerte) para tan deseado sosiego. Allá donde morara, dirían, habrá encontrado por fin paz y respuesta a las grandes preguntas del hombre, las que le causaban ese inhumano desasosiego.

Buscaba escenarios siempre de huída, pero este pensamiento en forma novelada hoy con atraco incluido, le llevaba a un apresamiento que era paz. Quizás precisamente porque era novela pensada y no acababa en huída real, o porque rendido ante tanto correr mental, anhelaba un descanso aun en clave de esposas y detención –su mente, con esos vericuetos tan extraños, hubiera hecho cierto y posible semejante despropósito, si de descansar de la fatiga que el pánico le producía se trataba–.

"Tengo un historial de muchos años de tratamientos y pastillas, Señoría", pensó que le diría al juez cuando le pasaran a su presencia una vez detenido ante el anuncio del atraco. "Un rapto de locura, pobre hombre, con lo que en su época despuntó y los casos que llevó", comentarían el magistrado y el fiscal para librarle de la prisión preventiva y dejarle ir.

El daño, pensó en esos segundos, desde una importancia que se daba siempre y nunca tuvo, se lo haría la prensa, si eco se hicieran, arreglando cuentas por defensas pasadas y desde un linchamiento mediático que él había denunciado incluso en un libro escrito desde las tripas, no muy diferente al que ahora escribía, que le salía quizás de un recóndito lugar del alma donde permanecía oculto para asomar algún día, cuando su tono vital señalara líneas mínimas y dejara subir a la superficie todo un compendio de vivencias desastrosas que harían que todo rebosara, como sucedía en este momento.

Se imaginaba a tertulianos de programas miserables hablando de su tropiezo legal, haciendo leña del árbol y ahondando en una herida que supuraba por todos lados. Unos incidirían en su infancia y otros, los más osados, buscarían una respuesta a su actuar en el desgaste de su profesión y vida.

SEGUNDO CAPÍTULO

Ya no persigo sueños rotos,
los he cosido con el hilo de tus ojos
Enrique Urquijo

Hoy era sábado y esos ojos porteños todavía, y ya hacía varios años, le perseguían por la calle.

Los había dejado solo unos días antes, cuando en el Aeropuerto Internacional de Ezeiza, escenario de tantas películas argentinas que amaba, se despedía por cuarta vez, siempre con un "hasta pronto", de la ciudad más maravillosa que había conocido.

Ese "hasta pronto" le llevaba a simular en el ordenador combinaciones de vuelos y hoteles en páginas de viajes para cualquier época del año –todas eran válidas si de ir a allí se trataba– , dormirse por la noche con una emisora Argentina y llegar a ser el único espectador viendo una cinta recién traída de allí, "Historias de vinilo", en un pequeño cinestudio de la Glorieta de Quevedo.

Ese aeropuerto era la imagen de Ricardo Darín y tantos personajes actuando, tomando vuelos a España huyendo del "corralito" y otras infaustas políticas patrias. Ahora el camino era de vuelta y los españoles quienes buscaban una oportunidad en Argentina, ante una situación de desesperanza económica, alto desempleo y corrupción generalizada.

El imán que la urbe suponía para su peculiar psiquis le había llevado de nuevo en mitad del curso escolar a pasar una semana de gloria personal y sosiego. Desde que bajó del avión, confundido por el cambio horario y la temperatura, se afanó, la vida le iba, en buscar los ojos en la terminal y el trayecto al hotel.

Aprovechó el poder ayudar, con una compañía que quizás en un ataque de pánico necesitaría, de una familia española con un hijo detenido allí, para cruzar el océano –orfidal mágico incluido para restar horas a la ansiedad por llegar– , y aterrizar en su peculiar centro de salud mental que la capital bonaerense significaba para él.

Allí no existía la angustia ni el miedo.

La calle – sus calles– , y sus jacarandas primaverales eran su pasión vital, los quioscos de flores, el discurso culto y filosófico de los taxistas, la amabilidad de los dueños de los puestos de San Telmo, los nombres de las calles que eran homenaje a escritores universales, la poesía que todo lo inundaba, el acento que era gloria y sobre todo las librerías, le calmaban su natural agitación. Siempre recordaría la primera vez que fue y una tormenta de pánico y terror se cernió sobre él, y cómo el refugio salvífico lo constituyeron esas librerías y sus ejemplares de psicología y filosofía que tanto le ayudaron a calmarse, sentado en la cafetería de la librería Ateneo.

La deuda con ese socorro prestado de entonces es eterna y una mezcla de emoción y gratitud ha venido experimentando cuando en los siguientes viajes ha entrado en ellas.

Los ojos, esos ojos con acento y dulzura divina, los tenía clavados en la mente al llegar. En el taxi que le condujo al centro, en cada semáforo que paraba los buscaba. Esos ojos eran su salvación. Lo supo la primera vez que los vio hace siete años en aquel primer viaje.

Era difícil de explicar, y para él la respuesta a la existencia en el universo "de por qué hay algo en vez de nada" era más fácil de comprender que la salvación que esa mirada en tonos verdes y marrones le brindaba.

Su primer pensamiento al despertar, cuando se hacía de forma imperiosa y necesaria la ingesta de las dos primeras pastillas del día, eran para ellos.

Unos segundos antes de esa toma pensaba desterrar ese pensamiento en forma de mujer porteña, en el delirio del nuevo día. No podían existir, no existían. Esos ojos eran solo fruto de una imaginación que necesitaba tener presentes para arrancar el día y abandonar su angustia.

Esos segundos anteriores a la normalidad química que suponía el alprazolan y otros ansiolíticos, inhibidores de receptores neuronales varios, eran una visión dantesca de su vida.

Nada existía, todo era una imaginación desbordante fruto de su necesidad. Los ojos ya tenían dueño allí, la ciudad tan amada era un desecho de pobreza, delincuencia y mediocridad, los que le querían le ocultaban que su realidad era un sueño y que estaba incapacitado desde hacía mucho para cualquier actividad.

Estaba loco, era claro. Procuraba mantenerse en esa situación muchos minutos, pese al peaje que pagaba, en la creencia de que en ese estado sería capaz, desde esa extrema lucidez, de desentrañar las trampas que se cernían sobre él, aunque el obviarlas le permitiera vivir, ajeno a las mismas.

En ese estado alterado anterior a las pastillas, recordaba comentarios en los que no cayó en su momento y suponían la llave a una clara traición, se daba cuenta de la metedura de pata que cometió o vislumbró con gran claridad un evento que se le hubiera hecho sumamente oscuro, incluso invisible, en circunstancias de normalidad química.

Esos instantes, que también lo eran de culpa y traición propia a todo lo amado, de autodestrucción y dolor, se apaciguaban con ese café con leche condensada en el que mojaba las pastillas y reconstituía su yo tan deteriorado a esas horas.

Lo que llegaba a sufrir al despertar, saliendo del útero materno que era la cama y su sueño, era imposible de explicar. Salía de un lugar de falta de conciencia que era el dormir, buscado también a otras horas del día, a una realidad que a veces le aterraba pero siempre le asustaba.

Recuperado el aliento por la química, visualizaba la "normalidad" de la vida, si es que alguna vez pudo tener ese aspecto para él, y recobraba la lucidez que implicaba la vida normal (aunque su lucidez realmente era la anterior a la lograda en esa ingesta de química, por real, sentida y profunda).

En el inconsciente onírico flotaba como lo hizo en el útero de su madre, disfrutaba de los placeres de la vida que entonces era el sueño profundo y se dejaba sentir. Una vez que despertaba caía en el espanto y el abismo de la existencia.

Devoraba libros de filosofía sobre la angustia existencial buscando iguales en el dolor y la incertidumbre ante las grandes preguntas, y si todos esos autores tuvieron ese sufrimiento y empatizaba con ellos, no es menos cierto que a él era lo suyo propio lo que le dolía. Tampoco esas lecturas, aun indispensables para entender, le calmaban, pues ningún atisbo de optimismo veía en ellos.

De cualquier forma estaba seguro que situado en el optimismo seria infeliz, por lo que tenía de engaño claro.

Si su vida, tal y como imaginaba antes de medicarse, era irreal y su entorno le ocultaba la realidad, ahora ya medicado no le importaba. La medicación le engañaba, lo sabía, no le permitía sentir en su totalidad y le situaba en un umbral de conciencia que le legitimaba para creer que su profesión era la de abogado, vestirse de ser normal, acudir a juicios y visitar cárceles que podrían estar solo en su imaginación.

Si esa existencia que vivía era real o no, nunca lo sabría, pues el engaño era la mejor medicación frente al sufrimiento que atesoraba.

La realidad, los universos paralelos, la "Verdad" como realidad que vivía, eran pensamientos que tenía siempre presentes y no le extrañaba, ni siquiera le molestaba, que todo fuera una mentira y realmente no tuviera actividad laboral.

Ni siquiera sabía a ciencia cierta si existía, si el mundo era real, si sus familiares y vecinos eran seres verdaderos, o todo era un sueño entre la nada anterior al nacimiento y la misma nada posterior a la vida que suponía la anhelada, a veces, muerte.

Si las pastillas se lo hacían creer y mitigaban su angustia, no le importaba.

Ahora, sin embargo no era tiempo de pensar acerca de la realidad y sí de recobrar una salud que se había debilitado sin razón aparente unas semanas antes.

En ese juego de espejos en el que transcurría su existencia daba igual cuál de ellos, si el real o el ficticio, se reflejará en el otro. Eran dos polos exactos de una misma realidad, o mejor dicho irrealidad, por lo que tenía de sensación ilusa.

Si realmente estaba loco, aunque ahora se denominaban, desde la benevolencia que la psiquiatría moderna demostraba, rasgos psicóticos a lo que antes eran seres ocultos en vida o hacinados en sanatorios sin esperanza, tampoco le importaba.

La química le mostraba un camino diario de deberes y obligaciones, que con ejemplo y abnegación cumplía.

El hecho de terminar internado, con los seres que se quedaron por el camino de la vida, frágiles y tiernos, le asustaba sobremanera por lo que tenía de separarse de sus hijos y como en una canción de Serrat, sobre un ser maravilloso que se enamora de un maniquí, tenerles solo los días festivos cuando tocara visita. Por lo demás no le hubiera importado vivir allí con ellos.

Seres maravillosos que no supieron capear el temporal de una existencia siempre exigente y cruel. Las escenas de la serie "Perdidos" con Hurley, uno de los protagonistas, le encantaba.

Asiduo a sanatorios de salud mental, todos sus compañeros de estancia, aun actores, eran seres a los que su sensibilidad e inteligencia les dejó por el camino. Le gustaba verles actuar en lo que era un acercamiento muy real a esos lugares de irrealidad.

Otra vez la locura como deseo y miedo.

Qué más daba, al fin, que en esa irrealidad que vivía, la sala de juicio no existiera más que en su imaginación o que hiciera años que no se pusiera una toga. Si esa mezcla de inhibidores de neurotransmisores se lo hacía creer, bendita mezcla de pastillas.

Quizás llegaba al despacho y el conserje, un actor que su familia contrataba o una ilusión que fabricaba el lóbulo temporal, le saludaba de forma efusiva como parte del guión y entablaba con él una conversación larga en el portal.

Subía las escaleras y sus compañeros de despacho al oírle llegar se colocaban en una posición de trabajo que no le harían ver la realidad de su inacción laboral.

Todo era un sueño pagado de actores. El cliente que venía acusado de asesinato era un extra, asiduo a programas de cotilleo en que jóvenes guapos e inmensamente ignorantes luchaban por un casamiento, y la madre que lloraba por la prisión de su hijo, conoció días de gloria en una compañía de teatro en su juventud.

Él ignoraba todo, feliz a su manera en una pose ficticia, y con soluciones profesionales a quien demandaba su consejo y para nada necesitaban –pero que eran remunerados para tal actuación por su círculo– , recogía su mochila gastada en los paseos y concluía la jornada laboral pensando que otro día más había salvado vidas.

Nunca sabría si era verdad que su profesión era la de abogado, o una ficción creada desde el amor le confundía para no caer en la desesperación.

Tampoco sabía a ciencia cierta si esos ojos que su retina fijó en su primer viaje a Buenos Aires existían. Eran un bálsamo contra la soledad, un pinchazo en vena de ilusión, una mezcla de barbitúricos contra la desolación.

Los ideaba en esos momentos en los que el pánico agarrotaba su ser. Allí, postrado en la calle, en una situación en la que la realidad no era tal, los imploraba para no caer al suelo, cuando la sensación de miedo extremo y desrealización le inundaba.

Le costaba hablar de esos momentos en los que empezaba el sudor, como señal atendible, y continuaba con un pavor que le impedían subirse a un transporte público.

Buscaba entonces asiento, respiraba asustado y se encomendaba a una distancia de doce mil kilómetros a esos ojos con tonos marrones y verdes.

Imaginaba que aún por la diferencia horaria estarían en una vigilia protectora y acumulaba fuerzas para no traspasar el espejo de una locura que le aterraba.

A veces pensaba llamar a urgencias para que le ingresaran y no seguir sufriendo, pero le podía el amor a esos ojos, como la esperanza que se tiene al Resucitado.

Si esos ojos existían y en ese momento estaban prestos para él, nada malo podría pasarle. Imploraba y gritaba en silencio mientras intentaba quitarse el sudor de la cabeza, que todo habría de pasar, que el ataque tenía una duración y lo peor, como consuelo inútil, sería que el suelo acabara siendo su lecho momentáneo hasta que le levantaran.

Imaginaba que todo el mundo le miraba y como pasaba con aquel entrañable personaje de su niñez que paseaba por General Varela, su querido barrio de la infancia, golpeando un libro y el pantalón lleno de orines, dirían, "pobre loco".

Fue esa figura frágil y ausente en sí mismo la que le enseñó la existencia de la locura y le puso sobre la pista de la compasión.

Al cruzarse con él, lejos de esbozar un sonrisa de burla o desprecio, se quedaba contemplándole, como imagen que la vida podría devolverle de sí mismo.

Nunca le habría hecho daño y le sugería una ternura que ahora, a su edad, reivindicaba como solución a los problemas de la humanidad.

Con los años aprendió a hacerse amigo y protector de todos los "locos" maravillosos que llegaban al barrio. Los acogía en su grupo y les defendía de ofensas humillantes.

Su vida estaba llena de esos seres. La primera su hermana y el cuchillo con el que le intentó atacar en pleno "mono". Recordaba también a un ser que en su bar, el de toda la vida, les hacía reír en su delirio alcohólico, pero que luego construía un infierno de locura y golpes en casa, al llegar totalmente humillado.

Desde hacía muchos años había elegido como uno de sus sitios de Madrid favoritos, unos bancos en el barrio de Malasaña donde se sentaban mendigos, alcohólicos, pobres diablos salidos de prisión, ahora sin hogar, y mujeres que perdieron todos los dientes después de extraviar todos los trenes.

Allí se sentaba y ajeno al resto del mundo, escuchaba y se llenaba de ternura el depósito del alma para continuar su camino.

Ese remanente de ternura le permitía mantenerse en estados de bondad aceptables.

La recogía a puñados y se la llevaba en el bolsillo. Luego en casa la separaba según de quien hubiera provenido y la metía en botes que iba gastando a diario, con el correspondiente nombre de quien la fabricó. Así, cuando un gesto de bondad hacía, no era él el protagonista de la gesta, y sí ese conjunto de personas que se juntaban en la penuria y le llenaban, sin saberlo, recipientes que luego él utilizaba.

La locura era una situación vital, aunque anudarlo al término vida era sumamente cruel, que le llamaba poderosamente la atención y le atraía de una forma inconsciente.

Artículos de periódicos sobre nuevos descubrimientos neurológicos, títulos de libros con la palabra, que instintivamente levantaba del estante y ojeaba buscando una página, una respuesta a la que asirse en clave de explicación a su forma de ser y estar en el mundo.

Recordaba unos ojos que eran cielo, siempre eran los ojos donde descubría la diferencia y donde vislumbraba el alma, en una estación de metro en Londres, donde un ser que podría haber sido un ángel infiltrado entre los mortales, con esa mirada que traspasaba, pedía desde el reclamo de una enfermedad terminal.

Quizás ese amor por los que cruzaron el espejo viene porque él estuvo a punto de traspasar esa fina línea cuando en una orgía de surrealismo vivido en su adolescencia, tuvo medio dedo necrosado de un drogodependiente en sus manos.

Ese trozo de carne envuelto en el plástico de un paquete de tabaco le pudo haber servido de billete al abismo.

Si ese día se mantuvo entre nosotros, los denominados cuerdos, ya nada ni nadie le empujarían contra el vacío en el que cifraba ese estado mental que en el fondo admiraba aunque temiese.

Su profesión, si no era la ilusión que a veces temía fuera orquestada por terceros y de verdad la ejercía, le había mostrado la locura en carne viva.

Casi 25 años de abogado penalista daban para mucho.

Había vivido experiencias que desde la razón no eran comprensibles, y si las había entendido era, así pensaba, porque medio cuerpo estaba ya metido de lleno en ese estado de delirio que tantas veces observaba en comisarías, estrados de salas de juicio y locutorios de abogados.

Que luego lo sacara y pudiera regresar era lo que le permitía sentarse en una mesa y utilizar bien los cubiertos, ser padre, tener un discurso coherente y no ingerir de una vez, ganas no le faltaban, el puñado de las pastillas que en la cajita guardaba.

Algo había claro: el virus, como los infectados de las series de zombis, lo tenía inoculado pero solo en forma de anticuerpos. Eso le permitía engañar al estadio próximo de la enfermedad, ponerle barreras y librarse de una camisa de fuerza o una inyección de tranquilizantes.

Han sido muchos años, pensaba mientras escribía, de abrazar la nada, la desesperación y el dolor.

Podía escribir, pero sería en otro momento, sobre los casos llevados y jugarse acciones penales describiendo la inmundicia absoluta del sistema.

No importaba ahora esa descripción más allá de poner caras a errantes cuerpos de ojos vacíos de lagrimas, cartas recibidas desde prisión que eran despedidas con suicidios anunciados y poemas que esquizofrénicos hicieron suyos emulando al gran Leopoldo María Panero, uno de los ángeles, por lo que de sufrimiento tuvo su vida, que la tierra habitó.

Guardaba en su retina, los había conocido, al ser humano puro, al directo descendiente del primer hombre que fue tal en la tierra, sin contaminación cultural y social alguna. A la mujer que acabó con su bebé arrojándolo al inodoro, al esposo preso de celos que roció con alcohol la cama matrimonial y con ella el cuerpo de quien tanto quiso.

No se olvidaba, en ese desfilar por la locura, de los brazos llenos de pinchazos, de los torturadores que eran capaces de introducir un ratón por el ano del cautivo, para que buscara él mismo la salida, de los aullidos de los calabozos, mezcla de dolor, síndrome de abstinencia y angustia.

Siempre hermanó la locura con la angustia, su compañera infatigable de tantos años. Si el loco traspasó la línea de la cordura, la angustia traspasaba los límites de lo permitido por una mente.

Era inenarrable, y ahora escribiendo se encontraba saliendo de un episodio diagnosticado de crisis de pánico que le había supuesto tomarse la vida con más calma.

TERCER CAPÍTULO

"Palacio, buen amigo, ¿está la primavera vistiendo
ya las ramas de los chopos del río y los caminos?
Antonio Machado

Aquel hombre, alma de este híbrido entre biografía novelada y novela con tintes autobiográficos, que voy adelantando entre mañaneros mareos repentinos ya en remisión y troncos ardiendo en la chimenea, estaba absolutamente perdido para todas las causas.

Así lo sentía él, ahora solo en casa, ayer solo y mañana también.

La soledad se había instalado en su vida y cuando se lo hacían ver ni siquiera se había dado cuenta de la situación.

Y es que los parámetros para medir las variables "espacio tiempo", esas coordenadas tan comunes, funcionaban de otra forma, errada, o cuanto menos diferentes, para él.

Contaba los días, según iban pasando, por el momento en el que tendría a los niños. Si un día uno comía en su casa, al otro por la tarde le llevaba a entrenar.

Así pasaba ya un día y de esa forma las semanas volaban, sin tener delante esa sensación de soledad. Momentos con los niños más ratos trabajando, igual a día transcurrido. Era su fórmula mágica para que el tiempo sin ilusiones ni alicientes transcurriera de forma rápida y pensara lo menos posible sobre su desazón actual.

Su situación vital, camino del medio siglo, necesitaba aferrarse a una ilusión. Escribía de vez en cuando correos que mandaba a los suyos y que escondían llamadas de atención nada disimuladas, cuando vivir se configuraba como un asunto urgente desde la falta de ilusiones que le inundaba.

Siempre le rondó escribir sobre lo vivido, que había sido mucho e intenso, y ahora, con más tiempo para hacerlo, decidió ponerlo en marcha, mezclando ficción con sueños, verdades con inventos que salían de su gran imaginación, realidad vivida con otra deseada.

Necesitaba fabricar un manual de supervivencia que le hiciera soltar lastre y claramente podría ser este libro si lo escrito se asimilaba a demonios expulsados. Le ilusionaba la idea y por eso se puso a ello.

Se le habían pasado los últimos años, 10, 30, 25, qué más daba, a gran velocidad. Empezó a sospechar que la vida era otra cosa, otra más si cabía, cuando la salud se resquebrajó y la depresión con gotas de pánico muy profundas tomaron a la fuerza el cuartel que era su mente y allí se hizo fuerte la dolencia.

Ahora tuvo miedo real. Tenía nombre la dolencia diagnosticada de tristeza y falta de fuerzas, de pérdida de ilusión, de tonos vitales bajos, de miedos irracionales, de apatía y temor inmenso. Todo un cuadro que debía combatir solo.

Otra vez la soledad.

No había perdido su cordura ni su coherencia vital, pero encontró allí, cuando tocaba fondo, un laberinto que le conducía a lo más profundo de su ser.

Lo descubrió en los ataques de pánico, como el espeleólogo va clavando señales para regresar de la sima al exterior.

En ese recorrido en el que tocaba sentimientos muy profundos se encontraba a gusto porque podía salir.

Era capaz de separar, en el tsunami del pánico incontrolado, el surco que el susto extremo cuando regresaba a su sitio dejaba sobre el cuerpo. Allí podía ahondar, con un ojo puesto en que el lobo no volviera, en sus heridas, unas abiertas y otras cicatrizadas y antiguas.

Allí quiso buscar para no olvidar. Sabía que su edad ya le llevaría pronto a esa pérdida de recuerdos, sumado ese deterioro natural a la ingesta de cientos de pastillas que llevaba prescritas, y que rescatarlos entonces sería un asunto imposible.

Quién podría decirle que una dolencia que pudiera afectar al bagaje de vivencias no le sacudiría y podría no recordar ni su nombre.

Necesitaba ahora despedirse de ellos y esperar a que en la última curva, esa en la que las religiones se juegan su verdad, pudiera volver a encontrarlos en un tiempo que ya sería eternidad.

Quería rescatar a mucha gente por vía de la letra impresa. Incorporarlos al presente desde su lectura, poner nombres a la odisea de vivir, reclamar espacios comunes a héroes que conoció y en cuyo honor no se levantó ninguna estatua.

Debía hacerlo para que los recuerdos no se fueran por el desagüe del olvido, y eligió a alguien que marcaría sus vidas y la de sus descendientes. No podría olvidarla, no debía y no quería.

Era su hermana.

Si bien, pensaba, la entronizó en su primer libro, no quería ahora, como se ha hecho con dos músicos geniales, compañeros de andanzas de ella, Antonio Vega y Enrique Urquijo, remarcar solo el aspecto sórdido, aun cuando fuera la razón del recuerdo, por lo que de doloroso tuvo, y ser lo más significativo (y es que igual que había conocido vidas de cincuenta años con la mitad pasada en prisión, en el caso de ella, llegó al cuarto de siglo sin otra experiencia que la de padecer, huir de sus fantasmas, enfermar y morir).

Sus sobrinos y sus propios hijos, debían conocer la historia de una familia, la suya, en la que habían caído de rebote – una caprichosa elección del azar, como todas las cunas– , llevando ya en los genes las vivencias de sus padres.

El tiempo todo lo devora, lo fagocita a una velocidad de vértigo. Qué ilusos son los que viven de espaldas al final, se decía, intentando mantenerse eternamente jóvenes en gimnasios y quirófanos con hedor a botox.

Detestaba esa pose del ser humano ante el final, escondiéndose de la marcha de los minutos, disimulando que el tiempo pasara pero como si con ellos no fuera.

Una cosa tenía clara, con él no habría encarnizamiento terapéutico que valiera.

Más incluso, llegado el momento anterior al momento, algún próximo debería poner fin al final, sin que apareciera un atisbo de incapacidad que su dignidad menoscabara. No creía en un dios sádico al que hubiera que brindar un sufrimiento extra.

Su hermana fue ejemplo de ese fin que nadie hubiera querido. Caquéxica y demacrada, mantuvo una agonía de días que en otro país, o ahora en el nuestro, no hubiese sido admisible.

Es verdad que en esa época, finales de los ochenta, la sociedad española no estaba preparada para poner en marcha mecanismos que impidieran sufrir, y debían esperar, como es el caso, a que los corazones, débiles pero inmensos de todos esos enfermos como ella, se pararan.

Así fue, y tras varias transfusiones que finalmente cesaron, como único instrumento para el buen morir, el corazón agotó su fuerza y la respiración terminó por hacerse imposible, hasta que cesó con un estertor que no olvidará.

En ese momento empezó el resto de su vida.

Los últimos años habían sido un paréntesis brutal que no computaba, por lo que se les debería a todos los que lo vivieron de primera mano restar años. Si existiera justicia, aun poética, en el DNI y pasaporte habría que restar ese tiempo de oscuridad y dolor.

Esos años no imputables a la vida –siempre pensó que hay vidas que eran todo menos eso– sin embargo sí serían computables para la cuenta de la lucidez y la conciencia.

Si bien no constituyeron parte de lo que una vida debe ser, sí incrementaron, muchísimo, el baúl del conocimiento del ser humano en carne viva.

Esa experiencia extrema, dolorosa y prolongada, le llevó a decantarse bien pronto por lecturas y estudios de teología y filosofía. En ellas buscaba respuesta al dolor y la sinrazón. Le urgía buscar, en esa sensibilidad extrema que la situación vivida le produjo, intuición incluida, la clave del dolor. Poetas, teólogos, filósofos, sociólogos, psicólogos, todo le servía como camino a la comprensión que, hay que decirlo, nunca alcanzaría.

Se contentaba con calmar ese infierno interior y esa ansia de paz interna.

Dios apareció de nuevo en su vida. Si de joven lo hizo en la Eucaristía y el sacramento de la penitencia, arrodillado en una iglesia de su barrio, ahora lo buscaba en otros lugares desde el voluntariado que realizaba en determinadas épocas. Empezaba uno y cuando la dureza le arrastraba, salía a buscar aire para, tiempo después, retomar otro.

Este Dios que ahora ansiaba encontrar era distinto. Nada que ver con el de los sagrarios, estolas e incienso. Su dios, al que ahora suplicaba le diera "alegría de vivir" en un papel doblado, que guardaba en su cartera a modo de clamor, era el dios de todas las causas perdidas.

El dios del que él nunca sería merecedor desde una posición social acomodada y libre de cargas económicas.

La salvación era de los pobres, de los que sufrían, de los grandes perdedores de la historia, y aun cuando lo tenía claro, y él no lo era, ayudaba a aquellos como podía, sabedor de su esfuerzo baldío a la hora de llegar al Padre.

Todos esos perdedores eran su día a día.

Incluía en ellos a los presos, independientemente del delito cometido, casi siempre relacionado el mismo, lo había visto, con su posición social. Y si entre los cautivos buscaba perdedores, sin distinción de su estrato, era porque la libertad era lo más sagrado del ser humano.

Por encima de la vida la colocaba, de tal manera que logró librarse con artimañas del servicio militar, y un sudor frío le recorría cuando en alguna visita a un centro penitenciario las puertas de salida tardaban en abrirse.

Recordaba el pavor que sintió en la cárcel de Marcos Paz, en Buenos Aires, cuando uno de los antidepresivos se le olvidó en el estuche de las gafas y tuvo que dar mil explicaciones sobre su estado y la razón de que la pequeña pastilla estuviera ahí.

Pensar que allí se quedaba le horrorizaba, como los locutorios de abogados, como la estructura de las prisiones, las puertas blindadas correderas y la mirada retorcida de algún funcionario.

La libertad era lo que más le podía definir, eso creía el pobre diablo, que dependía de pastillas varias para levantarse y asumir su rol.

Era libre su espíritu, pero su cuerpo dependía de ese peregrinar diario a la cajita azul donde guardaba su dosis.

"Pobre infeliz", se decía, " para ser libre pagaste un excesivo peaje".

CUARTO CAPÍTULO

"Fiarse de Dios, reírse de uno mismo"
José María Díez Alegría

Su hermana, rebelde y lista desde niña, acusó bien pronto la separación de sus padres.

Siempre pensó que fue esa situación, tanto por lo que suponía de pérdida de referencias y ausencia de explicaciones, como por la falta de clara atención, lógica desde la existencia de más hermanos, lo que le llevó a esa carrera sin retorno.

No lograba nutrirse de afectos e igual que un bebé en una incubadora que no recibiera el roce humano, ella se perdió desde la falta de ternura.

En esa época, principios de los años setenta, nadie se separaba en una España nacional católica, y ellos, los hijos de una pareja que nunca debió ser tal, pero que lo fue para desgracia de todos, los contrayentes los primeros, debieron vivir en carne propia la disolución del matrimonio.

Esos progenitores nunca deberían haberse conocido, ni siquiera la madre, con una gran capacidad intelectual que no pudo desarrollar, debió haber contraído matrimonio con persona alguna.

Llegaron al altar un médico de más de treinta años, curtido en mil batallas de la vida, con una niña de veinte, virgen, obediente y presta a formar una familia.

Ocho años de unión, cuatro criaturas dadas al mundo y una ruptura que no era un corte limpio y sí una falla que atravesaría años y generaciones.

Era el fin del cuento de hadas y el comienzo de una pesadilla real.

Las esquirlas de ese odio, que no era otra cosa, y de eso estaba seguro, que la punta de un iceberg de mucho dolor y miedo, les llegaron hasta bien mayores, salpicando incluso sus vidas de casados.

Si después todos los matrimonios de los hijos fracasaron no era casualidad. Bien por los daños colaterales de lo vivido, bien por falta de ejemplo de amor conyugal, el caso es que uno tras otro, los hermanos, fueron dejando atrás los votos de amor eterno.

Eran los estertores del franquismo y ellos los únicos hijos de padres separados en sus respectivos colegios.

Estaba seguro de que muchos de los padres de sus compañeros de pupitre se pegaban y luego iban a misa de doce a comulgar, igual que jaleaban el paso de un Caudillo ya agonizante, pero la realidad es que el ser unos bichos raros les hacía sufrir y esconder situaciones, embriones de futuros complejos y traumas, que se iban produciendo desde un odio alimentado por terceras personas y presuntas honras dañadas.

Desde entonces, el alegar la honra como elemento a tener en cuenta en situación alguna, siempre le produjo escalofríos. Una cosa era la dignidad, sustento intocable del ser humano, y otra esa honra que no era más que la defensa de una posición social frente al "qué dirán".

Detestaba la honra, el honor y todos esos conceptos tan propios de una clase que entonces gobernaba y hacía de una ruptura una cuestión personal desde estos elementos odiados.

Fueron unos años de frío de vivir, de ausencias de todo tipo, de penurias económicas, de abuelas que eran mantas y paraguas frente a la adversidad, de idas y venidas con una maletita, de esperas en la calle deseando ver aparecer doblando la esquina al padre ausente que venía a recogerles y llevarles al cine o a la cafetería California a comer tortitas con chocolate.

Esa maleta con pocas pertenencias se convirtió desde bien pequeño en una extensión para él, que pasaba más que ningún otro hermano temporadas en diferentes casas. Quizás ahora, el esfuerzo, muy doloroso, que le supone dejar la zona de confort es consecuencia de aquellas idas y venidas, con oídos llenos de cera y uñas sin cortar, como reflejo del abandono en el que estaba instalado.

En esa maletita metía unas piedras pequeñas que en el bolsillo, durante la jornada escolar, le hacían estar cerca de su madre. Un tótem como ahora en los juicios, cuando el miedo llega, lleva un libro maravilloso de un jesuita, "Fiarse de Dios, reírse de uno mismo". Lo coloca en estrados y le da fuerza, como entonces esas piedras cogidas en la calle y que convirtió en recuerdo presente de su madre ausente.

El jardín que era la infancia se convirtió, sin culpar a nadie, en un lugar hirsuto y triste.

Esa niña pequeña inteligente, morena, con ojos vivos marrones, pronto, en la adolescencia, sacó el dolor de tantos años, las humillaciones de las monjas del colegio con sus intentos de tocarla, los chismorreos de sus compañeras, la falta del padre tan querido, y abrazó unas compañías en las que buscaba lo que le faltaba.

El grupo de iguales como lugar de confort, el hogar familiar como infierno.

Primero los canutos de hachís, en una España que se desperezaba del franquismo y quería, a velocidad de vértigo, recuperar décadas de aislamiento y opresión. Qué error más grande el de los políticos que entonces veían con buenos ojos ese momento que llamaban libertad.

Ahí comenzó el calvario de miles de chicos y chicas, y sus familias, cuando en una carrera sin fin ni sentido iban avituallándose de todo lo que encontraban en ese recorrido.

Los recuerdos eran de un país gris y pobre, con televisores en blanco y negro, pantalones de pitillo, zapatillas John Smith, música de Tequila, cazadoras de pana y un "todo vale".

Fue en esa orgía de libertad importada e impostada donde su hermana, un año mayor, empezó a perder todos los trenes. Allí, en un barrio acomodado, ella, señorita de familia de posibles, se juntó con otros iguales que se ahogaban por motivos diversos en sus casas.

De esa época hay concretos momentos que ha querido olvidar y otros que sin querer ha olvidado. Era necesario sacarlos del recuerdo para poder introducir el estudio que le servía como salvación. No todo cabía, eran incompatibles los destrozos vividos con los ejercicios de matemáticas de BUP y COU y después con los temarios de Derecho.

Dentro, en esa mente, unos recuerdos aniquilaban los otros, por lo que había que dejarlos fuera para poder aprobar la carrera. Su salvación fue el estudio y apretar los dientes, y a curso por año, sin mirar atrás, con 22 años ya era Licenciado en Derecho.

Por eso ha olvidado la voz de su hermana. Quizás, como los megas del disco duro, la capacidad no permitía más, y la mente prefirió quedarse con rostros e imágenes desechando sonidos.

Esa voz perdida la buscaba en sueños, cuando esa niña le invitaba a jugar y de la mano enfilaban un camino estrecho con árboles frutales a los lados y una de sus abuelas, en su casa de un pueblo de La Mancha, les iba diciendo adiós.

Ella con esos ojos que se volvieron despúes tristeza, pero que en la ensoñación eran luz y alegría, y él, con sus botas con los pies planos, encaminaban un trazado desde la protección de su abuela, que era magia en el destrozo, paraíso esencial para retener ese timbre de voz olvidado.

Ese mismo inconsciente le trajo, unos días después de su fallecimiento, la peor pesadilla que nunca tuvo y que achacó a la medicación muy fuerte que le prescribieron. Ella, con la toga de abogado hecha jirones de su abuelo y el rostro demacrado, intentaba entrar en su habitación en un escenario de absoluto espanto.

Fue tal el horror que sintió, que suplicando fuera un sueño, despertó aterrorizado.

Y si la voz de su hermana le parecía tan importante, era porque esa niña tan querida para él, su ama y señora, le llamaba también en su agonía, en lo que era claramente una vuelta a los momentos felices. Rozaba el fin y su inconsciente, postrada en el hospital, se aferraba a la inocencia llamando a su hermano, buscando la pobre que todo hubiera sido un sueño y que no se moría y solo dormía.

Pobre, qué estaría pensando, ella solita con sus demonios, en esos momentos y él, espectador, sin poder ayudarla. A dónde le estaría llevando su inconsciente para reclamar a su hermano.

Cuánto dolor en ese hospital, en unos años, finales de los ochenta y principios de los noventa, en los que una sociedad de nuevos ricos no sabía que esa generación se estaba diezmando.

Esa plaga no entendía de clases sociales. Si bien hubo barrios más pobres muy castigados, la pandemia llegó a todos los lados en los que un joven sacaba la cabeza, buscando aire fresco, sin darse cuenta que lo que encontraba era un billete para la eternidad.

El mundo les devoró de forma irremediable, mientras determinadas familias se hacían de oro con su sufrimiento, traficando, a la vez que mostraban una ostentación hortera desde esa riqueza repentina acumulada.

No los soportaba cuando hacían esa terrible ostentación, denominando "sidosos", con el desprecio del bastardo que llevaban dentro, a estos enfermos.

QUINTO CAPITULO

"Que la vida iba en serio uno lo empieza
a comprender más tarde"
Jaime Gil de Biedma

La cercanía en edad y conocidos del barrio le pusieron sobre alerta enseguida acerca de las compañías que su hermana alternaba. Esos espacios de antaño, los barrios, donde uno jugaba a ser mayor con el acecho de lo prohibido, eran lugares en los que todos estaban conectados y desde esa cercanía, de calles y amistades comunes, todo se llegaba a saber.

Las primeras compañías de su hermana estaban cortadas por el mismo patrón. Niños "bien" de colegios privados, burgueses rebeldes y antisociales de paga abultada y barrios acomodados de clase media alta. Hijos de militares, profesionales liberales y catedráticos de universidad. Nada que ver con esa misma cara que se daba en los barrios castigadísimos y que como abogado, desde el año 91, comenzaría a conocer en las guardias de detenidos. San Fermín, Entrevías, Villaverde, El Pozo, lugares que sufrieron la pérdida de una generación que ahora tendría su edad.

Eran todos ellos seres demacrados que asistía como abogado en sus detenciones en comisaría y luego en el juzgado de guardia, donde una madre siempre esperaba al raso con un bote de metadona y los papeles que acreditaban su prescripción para hacérselo llegar.

El cielo, si lo hay, sin duda también es de esas madres, siempre pensó.

Familias que llegaron a la capital desde provincias limítrofes, pensando que el idilio con la vida se perpetuaría al abandonar la falta de oportunidades que la pobreza rural significaba, y les tocó una cruz de vida. Muchos de esos cuadros terminaban con alcoholismo paterno y posterior cirrosis y muerte. La abnegación materna y la negación dolorosa paterna mojada en alcohol. Dos formas de querer y dos maneras de protegerse en la inclemencia.

Todavía hace muy pocos años le tocó en una guardia de detenidos en la comisaría de Usera a un superviviente, muy enfermo pero vivo, de esa generación. El pobre Ángel fue tratado por el sistema como se trata a los pobres hoy en día en la administración de justicia, o acaso como siempre se les trató.

Desde una prisión preventiva dictada por el juez como un número más, a una condena por un hecho que no había realizado en modo alguno pero con una rueda de reconocimiento que resultó, desde su aleatoriedad, positiva y concluyente. La sustitución de la pena por tratamiento de deshabituación, que se intentó con informes médicos favorables abogando por esa medida fue negada por un juez sin entrañas.

Y es que siempre propuso desde su experiencia que en el temario de jueces y fiscales se incluyera la asignatura de la compasión y la piedad como materia obligatoria y practicas exigibles.

Esas oposiciones solo les enseñaba a odiar a quien no se tuvo que esforzar como ellos, perdiendo un tiempo de vida que se volvía agrio rencor. Qué ser humano con tanto poder podría no usarlo desde su ego, se preguntaba.

Uno de esos días que Ángel le llamó desde prisión porque orinaba sangre y no le hacían caso, redactó una denuncia contra la Infanta Cristina a raíz de los correos que se publicaban del indigente intelectual del marido. Expuso los delitos que la citada podría haber cometido y lo presentó en la Fiscalía General del Estado. Otro ejemplo más de su particular idea de la justicia. Desde la rabia lo hizo. Detestaba la impunidad de todos ellos, que además no necesitaban lo presuntamente sustraído para vivir. Era avaricia pura y dura, frente a las lecciones de cariño y agradecimiento que le daban sus defendidos.

La una, de alta cuna, defendida por la fiscalía hasta el final, y el otro, paria enfermo, en prisión sin compasión.

Otra imagen de la hez que nos inundaba en materia de derechos fundamentales y libertades públicas. Los poderosos y el tercer grado presto, dictado por el Ejecutivo desde la Secretaría General de Instituciones Penitenciarias, los pobres de solemnidad falleciendo de SIDA, recluidos, sin una mano amiga ni familiar que les facilitará el trance.

En ese escenario de aquellos años, la situación económica de los padres y el patrimonio familiar les permitía hacer uso de los escasos recursos que existían, carísimos, para poder salir de la adicción.

De hecho su hermana pudo entrar en un centro, único en esa época, privadísimo, que existía en la provincia de Burgos, escapando del mismo a la mínima oportunidad.

En el otro lado, ni que decir tiene, no había ninguna posibilidad de sobrevivir y el castigo a esa generación, además pobre de solemnidad, fue brutal.

Solo hubo algo que a los dos extremos de esa sociedad les unió, y fue la muerte.

Lo pudo ver en el hospital donde falleció su hermana. Allí la muerte se llevaba a todos independientemente de las oportunidades que pudieran haber tenido para salir de ese mundo.

Si en la habitación que daba a la salida del ascensor agonizaba un chico de "barrio" acompañado de un sacerdote alejado con mucho de la liturgia obligada y amenazado de expulsión por su opción preferencial por los pobres, en la siguiente lo hacía la hija de un periodista famoso o, como era el caso, la niña de los ojos de un médico adinerado.

Si en una el sida se alimentaba de una cirrosis hepática, en la otra una encefalopatía nutría el mismo virus.

Daba igual la cuna. En ese lugar, como en la vida, la muerte no hacía distingos con nadie.

Era obvio en los estudios que iba dejando de lado que algo pasaba. Ella, que había estudiado piano y solfeo, que había sido ejemplar en sus notas de pequeña, estaba dando pasos en falso. Guapa, morena, brillante, con un punto de soberbia y crueldad, desde esa inteligencia que luego tampoco supo convertir en vida, esa separación de sus padres, sin ninguna explicación, seguida de una ausencia prolongada del progenitor, se convirtió en una falta de referentes que buscó por otro lado.

Pronto supo de su escarceo con el hachís, de las faltas a clase y sin solución de continuidad, en caída libre hacia el abismo, huidas de casa a lugares donde se pensaba que una comuna era la solución a la desazón de vivir, ignorancia ante toda norma impuesta, rebeldía extrema y por fin la heroína.

Todo seguía el mismo camino, señalado, sin distinciones, que tantas familias habían sufrido antes.

Recordaba perfectamente cuando el desarraigo llegó de tal forma que todo explotó.

No tenía conciencia del momento exacto, pero sí de los estragos que supuso para el resto de hermanos. Se puede asemejar al grado máximo de locura lo que allí se empezó a vivir.

Cada uno buscaba su sitio, como niños que eran, pidiendo límites en clara súplica, entre un padre ausente, una madre que trabajaba para sacarles adelante y una enferma que llegaba sin avisar y se marchaba con los bolsillos llenos de pertenencias ajenas, dejando un rastro de dolor y unos rostros de desolación en los hermanos.

Era horroroso, horrible, dantesco, injusto. Una gran mierda que les había tocado vivir. A su lado los amigos, los primos, todos tenían una existencia de colores y olores. Para ellos fue la oscuridad y la necesidad desde que tuvieron uso de razón.

Cada uno de los hermanos adoptó sistemas de camuflaje y supervivencia extrema.

Si uno aprendió a negar hasta su propio nombre, otro se nutría con los amigos de su colegio y él, tan ligado a su hermana, no era capaz de cortar el hilo que les unía. Cada pinchazo en la vena que le quedara lo sentía como propio, cada escaramuza con la policía le dolía como si él hubiera sido el autor. Todo formaba parte de la gran Mierda con mayúsculas que la vida les exhibía con sorna.

Recordaba cuando llegaba completamente ida y en el salón visualizaba en el techo insectos que solo estaban en su imaginación, la frustración de no poder hacer nada, las ayudas a escondidas que le prestaba, las llamadas de socorro para ir a buscarla a una pensión de mala muerte e ingresarla en el mismo hospital siempre. Esa fue la adolescencia y comienzo de la mayoría de edad de tres hermanos y la inexistente, no se puede denominar de otra forma, existencia de la mayor.

Es curioso cómo estás experiencias les abrieron los ojos ante el sufrimiento ajeno a los tres.

Arrastrarían cada uno sus taras el resto de su vida, pero nunca se ahogarían en vaso alguno.

La fortaleza se impuso como norma y la lucidez ante la existencia se hizo faro que les guiaría.

El peaje en el caso del protagonista no fue barato en absoluto. Esas dolencias que ahora surgían eran, sin duda, experiencias agazapadas en algún lóbulo cerebral y ahora pedían paso.

Años de psicoanálisis, terapia Gestalt y acompañamiento filosófico nada hicieron y ahora, cuando el capricho de la naturaleza mandaba, era cuando estas vivencias pedían salir de golpe, a la vez y sin previo aviso, configurando ese pánico que ya se ha descrito.

Era esa angustia extrema el daño colateral de su particular guerra. Todo un cúmulo de vivencias que fueron tapadas en el inconsciente desde una creencia, falsa, de victoria sobre ellas, asomaban ahora cuando ya el pasado era más que tiempo transcurrido.

Un ejemplo más de lo poco que sabemos de la mente humana. Cuando todo es calma, una neurona despierta, contacta con otra de la que siempre estuvo alejada y la debacle, en forma de recuerdos que despiertan acompañados de un gran miedo inexplicable, llega ante la desazón del sujeto.

SEXTO CAPÍTULO

"De mis soledades vengo,
a mis soledades voy"
Lope de Vega

La ruina, inmensa, intensa y desoladora en todos los aspectos se instaló en esa familia y se les hizo literalmente de noche.

Una noche oscura de invierno y truenos, que eran golpes, por doquier.

Una oscuridad donde encontrar una vela, siquiera, era una misión imposible.

No había atisbo de luz que iluminara una ilusión ni una sonrisa que encontrar. Tristeza y negrura, pena y destrozos.

Todo lo recuerda ahora revestido de una ausencia de colores. Tampoco sería justo, aunque así fuera, describir la situación como un conglomerado de negros y blancos, pues ni siquiera esos colores eran culpables de adjetivar su infancia y adolescencia y erigirse en tan tristes protagonistas.

Desde ese momento no hubo alegría ni felicidad. Ningún momento se pudo asemejar a algo parecido a un momento feliz. No hubo ya cumpleaños, ni santos ni reyes. No se supo a qué sabían los momentos de magia familiar y tertulia después de comer.

Nunca vivieron esa situación familiar de comer juntos y terminar con una conversación entre ellos. La primera vez que lo vio fue ya casado y un invisible muelle le hacía levantarse e irse con los más pequeños de la casa. Esa interacción entre adultos de la familia era una asignatura que debía aprender, ahora tan mayor.

La vida era levantarse, ir al colegio, volver, hacer los deberes y dormir de nuevo. Todo en un clima de tristeza y miedo ante lo que la tarde, cuando aparecía su hermana, les podría deparar.

Ni que decir tiene que su posterior marcha en pos de su dosis era una tragedia que se repetía ante la desolación de todos los habitantes de ese piso, que iba envejeciendo en su mobiliario a la vez que sus corazones iban maldiciendo lo que les estaba tocando vivir. El teléfono podía sonar a cualquier hora, con el consiguiente susto. Una sobredosis, una detención, cualquier situación, por extrema que el lector pueda imaginar, era posible.

Todo era un sálvese quien pueda, en el que de nuevo, y así lo siente, fue el segundo gran damnificado después de su amada hermana. Una falta absoluta de referentes y de amor en todos esos años configuró esa personalidad insegura, miedosa y angustiada. Nadie le enseñó el camino de la vida. Eligió la carrera de rebote, cuando ahora le hubiese encantado que esa elección hubiese sido dirigida, consejo mediante, hacia la filosofía y teología. Se ahogó con la falta de límites y pronto también comenzó un consumo de hachís que pudo parar a tiempo.

Esa personalidad miedosa le salvó de consumos desaforados, pese a que todas las sustancias las probó o las tuvo muy cerca siempre.

Hasta las Navidades eran un mero trámite que había que pasar porque las dos abuelas se empeñaban en que así fuera y durante muchos años pasó esas señaladas noches dando vueltas, solo, por un Madrid vacío a esas horas.

Todas las luces se apagaron en esa casa y ni siquiera recuerda que un árbol de Navidad allí tuviera cabida.

La calle también comenzó a ser su casa, precisamente para huir del lugar donde tenía su cama.

Esa Calle de Orense, en esa época post movida madrileña, con las tribus urbanas que por allí se veían, fueron sus referentes.

Mods, rockers, punkis, era la fauna urbana que veía asombrado sentando en cualquier banco de un callejón, a la hora que fuera, en ese monstruo arquitectónico que son los bajos de la calle Orense. Allí se sentaba a contemplarles y escuchar las canciones de pop español que salían de los bares a los que no podía entrar todavía desde su juventud.

Un país que seguía siendo de alpargata y emigración, comenzaba a asomarse a Europa y copiar estribillos y modas.

En su barrio tan querido aprendió la otra parte de lo que era la vida y realmente le gustaba. Y es que cualquier cosa que no fuera lo que vivía en casa se asemejaba a una vida vivible y visible.

Si la letra de casa era de las de con sangre entra, por obligada la vivencia y lastimosa la experiencia, la otra, la de la calle, fue su salvación para no volverse loco y nutrirse con afectos de terceros que allí encontró.

Novias que siempre fueron y son, amigos que siguen siéndolo, parques, portales, bares, bancos, tugurios infames de AZCA. Su barrio y morar más en la calle que en casa desde bien pequeño, le alimentó y enseñó todo lo que pudo aprender para sobrevivir.

La calle como lugar de salvación frente a la tristeza y desesperación instalada en su hogar, hasta el punto de meterse en la línea circular de metro, la actual línea seis, a estudiar dando vueltas por la ciudad, cuando permanecer en casa se hacía imposible y ya había desgastado todos los bancos de las calles repasando temas.

Había tanta rabia contenida en ese adolescente, tanta falta de límites, que pronto adquirió una personalidad, pura defensa frente a todo y todos, peculiar, que le granjeó enemistades y grandes adhesiones.

Salía de casa, en cuanto tuvo ocasión por la edad, y ocupaba bancos de la calle, que siempre consideró suyos, en los que estudiaba o esperaba a la novia que entonces tuvo y que tanto quiso.

Ella le sacó, al aparecer, el millón de lágrimas contenidas en el tanatorio de su hermana. A ella le debe el descubrimiento del amor incondicional, la ternura dada y la compañía tan necesaria en los primeros años de infierno. Con posterioridad sería la madre de sus hijos la que le libró de cruzar el espejo y le depositó como un "hombre de bien", con sus múltiples limitaciones, en la tierra, para poder valerse por sí mismo.

El reconocimiento a las dos es eterno, proporcional a lo que las quiso y le cuidaron.

SÉPTIMO CAPÍTULO

No ha querido introducir en este despertar de los recuerdos, ni describir, situaciones limítrofes ya lindando con los escenarios más sórdidos que el lector pudiera imaginar. Y a fe que los hubo en demasía.

Esa sordidez a la que se refiere, extrema e inhumana, no impedía que todos los que conocieran a su hermana le mostraran su amor y compasión ante lo que sufrió. Esos intermitentes caminos de espinas más cortantes, dentro del gran infierno que recorrería hasta su fallecimiento, no dejaban de ser parte indisoluble, precisamente, de la dolencia que se la iba llevando y del escenario en el que la misma se labraba.

Se empezaron a escribir estas páginas como necesidad revestida de deberes mandados para sanar y esa catarsis se había ido materializándose poco a poco, a medida que los párrafos adquirían sentido y lo plasmado se imprimía para su posterior revisión, en un banco –siempre un banco presente– de una plaza cualquiera o frente a la puerta, sentado de lado, de un café.

Los llevaba impresos en el bolsillo del pantalón en sus paseos, para así darles el calor humano tan necesario. Así, como hay alimentos que han de reposar para alcanzar ese punto óptimo, en este caso la viabilidad de lo escrito se alcanzaría desde ese contacto físico, alma mediante, con quien lo escribía.

Estaba seguro que así, sin él verlo, posibles errores gramaticales o giros inapropiados, retornarían por sí mismos a una comprensión más adecuada con la norma escrita.

De cualquier forma escribía para sanar, ya se ha dicho, y cuando lo escrito sale de la tripa, emoción mediante, no se fija uno tanto en correcciones del lenguaje que con otra forma no expresarían el dolor que se querría traducir en palabras.

No era este compendio de emociones un acto para concluir un duelo pendiente. Nada más lejos. El duelo se hizo entre miles de lágrimas y ahora tocaba colocar de nuevo en la mente una estructura de afectos y desafectos, miedos, voces lejanas, momentos que regresaban y otros que nunca se fueron, y que se habían descolocado.

Una clara desestructuración que tocaba arreglar para seguir el camino que faltara por andar.

Esa estructura mental que había fallado hacía unos meses, necesitaba volver a recolocar todo ese andamiaje que le había venido sosteniendo hasta entonces y que debía durar por lo menos otros 20 años.

En eso cifraba su validez.

Y es ahora que vislumbraba este final del viaje, corto pero intenso, de una vida reducida a estas pocas hojas, le urgía una despedida que fuera real acompañamiento. Un adiós que fuera un diario "cómo estás" al cuadro que tenía pegado a la puerta de la calle, en el que ella posaba con esos ojos de profunda tristeza.

Un final, pensaba, no el final, y sí una pausa en la eternidad.

Es esta acción, ir poniéndole el cierre a lo escrito, lo que le añadía más dolor al relato, pues era despedirse de nuevo de quien lo hizo en esa sala del crematorio, donde solo se escuchaban sus gemidos, al ver como se cerraba la cortina que llevaba a la definitiva destrucción del cuerpo que tanto quiso.

Quería pensar que después de esta vida ahora narrada habría algo y que entonces encontraría una cocina iluminada y una familia normal.

Entraría en su casa y todo seria felicidad, sonrisas y alegría.

Su hermana saldría al pasillo con los apuntes pasándolos a limpio y la tan añorada tertulia después de comer en la que se contarían cómo había sido el día, sería el momento mágico por excelencia. Se reirían unos de otros, saldrían juntos con amigos comunes, bromearían con los amores de cada cual y después de cenar verían la televisión unos encima de otros, como había visto siempre en casa de su familia política con una mezcla de asombro y vergüenza ante ese contacto físico que mantenían y que él tanto rehuía.

No pedía más. Ni un cielo ni el paraíso terrenal.

Solo pediría una vida aceptable que se repitiera eternamente, con desgaste y aburrimiento pero también con afecto e ilusiones. Una vida como las que veía a su alrededor.

En este cierre le urgía también recordar el final de la protagonista y de todos sus acompañantes de ese hospital. Es con este recuerdo, en clave de gran homenaje, cuando cerraría la puerta y pondría fin a este exorcismo.

No quería olvidar extender su homenaje a todos los que pudo ver morir allí, a las compañeras de habitación de su hermana, a la chica morena que le avisó de cómo su hermana llevaba la muerte en los ojos, de esa otra preciosidad que en la cama de al lado, siempre los malditos biombos como exponente de lo que iba a pasar, fallecía por una dolencia cerebral que todavía le permitía mostrar esa belleza que atesoraba, aun con el pelo rapado al cero.

Esa madrugada del ocho de julio de 1990, con sus padres, hermanos y una tía, María se fue apagando, haciéndose más difíciles las respiraciones, que se le iban antojando imposibles en cada toma nueva de aire.

Llegada la última, su padre le cerró los ojos y todo terminó

A ella le quedó un rostro descansado y en paz, la que aquí nunca tuvo, y a él un dolor infinito, mezcla de serenidad por su descanso, y odio, inmenso, por lo vivido.

Han pasado muchos años. Su recuerdo es diario, los sueños de paseos infantiles se repiten y su cara la busca ahora en los voluntariados que realiza. Después de ese odio sentido, el tiempo apaciguó el sentimiento y pudo encontrar muchas "Marías" a las que hacer justicia divina, humana y poética.

En las prisiones, comisarías, juzgados, poblados marginales y otros centros de voluntariado, nunca faltaron " Marías" que abrazar y cuidar, procurándoles la mínima condena o acercándoles la familia que se había alejado.

En esos centros donde da gracias a la vida por haber podido integrar ese sufrimiento donde siempre encuentra una mujer perdida para todas las causas a la que abrazar y cuidar, como si de ella, María, se tratara.

¡Te quiero tanto!

Unos años después, veinte, uno de sus hermanos escribiría lo siguiente:

"Fue una noche como esta hace ahora veinte años.

Nos habíamos quedado a velarla Fernando y yo, como hacíamos desde días antes, cuando nos adelantaron que el desenlace no tardaría mucho.

Aquella noche, nos acompañaba el queridísimo amigo Jaime Warleta.

La crueldad del destino quiso que semanas antes entrara en coma y se le diera la extrema unción. Pero despertó del sueño y volvió a disponer íntegramente de todas sus facultades mentales.

Digo crueldad porque sabíamos que era ficticio y que caería de nuevo como así fue. Mientras transcurrió ese paréntesis, fue durísimo hablar del futuro con ella conociendo la cercanía del fatal desenlace....

Entrada la madrugada, comenzó a respirar de manera más fatigada, más sonora, menos rítmica.

Nos confirmaron que llegaba el momento, y llamamos a Mamá, a Papá y a Antonio.

Llegaron a tiempo y los cinco la rodeamos en silencio sintiendo como poco a poco se iba apagando. Así estuvimos hasta aquella última exhalación que no tuvo repetición.

Recuerdo a Mamá llorando abrazada a Papá, las lágrimas de Antonio y la entereza de Fernando.

La metáfora del momento fue que empezaba a amanecer un luminoso día de Julio, y había que interpretarlo como el final de un oscuro y terrible periodo de tiempo, el descanso general de todos y el inicio de una nueva vida en la que se han ido borrando las vivencias traumáticas y nos ha quedado el recuerdo de los buenos momentos.

Creo recordar que fue Tía Angelines la que comentó que aquella noche, Javi había dormido "inquieto".

Y una de sus tías:

"Tienes razón, esa noche yo estaba con ella, y no recuerdo con quien más, cuando el médico nos dijo que se acababa, llame a vuestra madre, que tenia a la abuela y a Javi en casa: Las fui a recoger y mientras tanto tía Nuria se hizo cargo del niño, uno de vosotros aviso a vuestro padre que llego con Mari Carmen, y fueron los momentos más tristes que he vivido en mi vida.¡ qué pena de niña!, con lo guapa era y lo que podría ser ahora. Todos perdimos un poco de nuestra vida con su marcha, pero siempre la hemos querido y recordado como cada uno quiera hacerlo en la etapa de la vida que mejor recuerdo quede de ella. Para mí siempre fue mi niña, la primera, la que ayude a criar, con la que viví casi dos años de su vida. Pero, ¿y su madre?…

Sus primas:

"Yo estoy de acuerdo, creo que tanto sus hermanos, Javi y sobretodo Tía Loli, ya han llevado su parte, yo era muy

pequeña, pero me acuerdo que una vez más, se mostró la familia que somos porque yo lo viví como si fuera mi hermana casi, y me acuerdo de mucho tiempo que pasábamos en la casa de Orense que mi padre se iba a buscar a María Jesús por las noches y mamá se quedaba con tía Loli o con Javi y todo esto, dentro de la grandísima pena que me da el hecho en sí, me hace una vez más, sentirme muy afortunada.

Os quiero chicos, GRACIAS porque estamos siempre juntos"

"Chicos no encuentro palabras, solo me come por dentro el dolor de no haber estado ahí y haber muerto un poco con vosotros esa noche. Sin embargo, aunque veinte años mas tarde y sin estar a vuestro lado, anoche una trocito de mi alma murió con ella y con vosotros.

Creí q no podía quereros mas pero si.

Desde este correo, os pido disculpas por no haber sido más valiente entonces, por no poder enfrentarme a aquella cruel realidad y por no haber estado allí.

Desde lo más profundo de mi corazón, hoy más que nunca, un beso y un abrazo a todos"

"Bueno, unas lagrimitas desde primera hora de la mañana a lo mejor no vienen mal en el caluroso día que se avecina.

Queridos primos, nunca os había oído esa historia tan bonita, gracias por compartirla. Creo que lo sabéis y si no os lo digo ahora, María Jesús era para mí alguien verdaderamente especial. No sé la razón, la verdad, porque cuando ella se fue yo sólo tenía 15 años y los últimos prácticamente no la vi.

Desde entonces, he pensado en ella infinidad de veces, y la pena me ahoga el corazón.

Bueno, muchos besitos a los dos y que tengáis un buen día.

Mónica"

OCTAVO CAPÍTULO

"Le llamo la última vez, ya no me pudo escuchar,
abrió la puerta y se fue"
Pablo Milanés

A continuación se transcribe la carta que el protagonista de este ejercicio de nostalgia, ahora tan obligada, hace más de siete años, en el blog que mantenía vivo con el título de una canción de Silvio Rodríguez, "Llueve otra vez", escribió a su hermana y que refleja el amor que toda la familia mantuvo hasta el final, y pasados muchos años, a su memoria siempre presente.

"MISIVA AL CIELO" – 25 de junio de 2007–

"Querida María Jesús, o María, que era como te gustaba que te llamaran (así desproveías del sentimiento religioso que las monjas, las que os manoseaban, o eso decías, en el colegio y te hacían diferente por tu situación familiar, te hicieron repugnar).

Pero también he de decirte que la religión ya no es como tú la conociste, a su Dios gracias, y que he conocido gente maravillosa, solidaria por creyente y creyente por solidaria, que se entregaba a los demás aun a riesgo de su vida y que muchos, en este tiempo que ha pasado, han pagado con ella con enfermedades y asesinatos sectarios desde un execrable integrismo religioso.

He de informarte, aunque cualquiera sabe si donde te encuentras ya te has enterado, que tu hijo –el que con dos añitos nos dejaste– es ya universitario.

Hoy le dieron las notas de selectividad y ha aprobado.

Ahora "buscará" carrera, porque tampoco está muy seguro de la opción –como a nosotros nos pasaba, y míranos ahora, tan formales, ganándonos el jornal, siendo reconocidos en lo nuestro y mejorando día a día en el compromiso con los que menos tienen– .

La labor de tu hermano Antonio fue la esencial, por crucial, estos años atrás, sentando las bases del estudio y la constancia, y ya este curso – una vez que tu madre nos pasó el más abnegado testigo que existió– , segundo de bachillerato, hemos concluido la jugada Alberto y yo, no sin "comida de oreja" a su tutor del colegio (y siempre bajo la supervisión, de nuevo, de tu madre, su abuela), y el amor incondicional de toda la familia. Siempre nos acordaremos de cómo Nurita nos esperaba el día de tu entierro con él, dos añitos tenía, y se lanzaba hacia nosotros tan contento, al vernos, sin poder imaginarse de dónde veníamos.

Últimamente nos está dando mucha guerra, pues no ha dejado de pasar lo suyo sin ti.

Está en edad de patada en el culo –cuanto menos– , en la que se cree que todo lo sabe y que los demás somos unos carcas –fíjate tú, ¡¡carcas tus hermanos, cuando estamos de vuelta y media de tantas cosas y nunca jamás nos hemos ahogado en un vaso de agua alguno!!– .

El año pasado nos emocionamos mucho cuando le llevamos a un concierto de varios grupos de la "Movida" madrileña –era el homenaje, la reedición del mismo, al primer batería de Los Secretos, en el que tú estuviste, y entonces se llamaban todavía Tos, que murió en accidente de tráfico– de la que tú trajiste los primeros vinilos que guardo como oro en paño, cuando te las dabas de adolescente rebelde y alternabas con todos ellos. He de decirte que allí, con Antonio Vega, tan cerca de él, y de tantos otros, nos emocionamos cantando las canciones que tú nos enseñaste y con las que seguimos instruyendo a nuestros hijos.

Siempre digo que salvaría mis vinilos, tus vinilos (que sería una forma de salvarte a ti), de una deflagración nuclear, y pocas cosas más. Si acaso el banderín del Estudiantes y los poemas de Gil de Biedma.

Sabrás también, o no –quién sabe cómo las noticias te llegan al paraíso en el que te han instalado seguro– , las novedades familiares que acaecieron estos últimos años –17 desde tu marcha– .

Tu padre, el nuestro, nos dejó. De las abuelas –cuando ahora transcribo de nuevo la carta ya faltan las dos– solo nos queda la que te tuvo más próxima, a la que un tumor, que no sabe que existe, le devora. La otra, la que se llamaba como tú, y nos quiso a rabiar, se fue un mes de octubre del año 94, mientras yo le preparaba el desayuno.

Siempre he pensado que me abrió la puerta muerta, en un último ejercicio de no estar sola y ser acompañada por su nieto preferido, como ella decía.

Tu padre, del que fuiste su ojito derecho, ya te he dicho que nos dejó –quién sabe si ahí está contigo leyendo esta carta– , y he de decirte que le hablaba, solo de ti, cuando agonizaba, y yo, acariciándole, le explicaba que ya casi te estaba tocando en un universo que los vivos desconocemos.

No has conocido a tus sobrinos –a fecha 2014 hay muchos más– . Tienes cinco preciosos y listos y una en camino. La niña de Alberto, Lucía, es un calco a vosotros –tu padre y tú– , altiva y preciosa. El resto despunta en felicidad y en piano y solfeo –como hacías tú– , acompañándonos a los partidos del Estudiantes desde bebés.

Solo decirte que van ya a hacer 17 años de tu marcha y que siempre que paso por tu hospital no dejo de mirar la ventana de tu habitación.

Te queremos mucho…..mi niña pequeña".

NOVENO CAPÍTULO

Una despedida con nombre de "hasta luego"
(De tantos sentimientos volcados, de lágrimas que
mancharon el papel y de cómo se anhela el Misterio que
llaman Dios –quizás como único camino de nuevo a ti–).

No quería terminar tampoco este caminar por el "Paseo de la Nostalgia", sin hacer referencia a otra de las "realidades" –¿o acaso no lo es?– que fundamentan su existir y que es el "Misterio" último. Arrugado en su cartera, con las fotos de sus hijos, lleva una plegaria que es un grito de ahogo, una súplica, una oración, en la que en tres líneas reclama a dios, que si existe, le ayude a conocerlo y le proporcione la alegría que le falta en el vivir diario.

Si bien no consigue creer en dogmas que su cabeza no llega a comprender, no son pocas las veces que paseando con los dos niños les hace pararse y disimulando, para no ser vistos ni molestar, les exhibe al mismo dios en la tierra, encarnado en seres que transitan junto a nosotros pero que no les vemos, obnubilados como estamos en nuestro ego y soberbia.

Así, le basta un mendigo con su caja de cartón en un portal, un padre que lleva a su hijo, casi vegetal, en una silla o una prostituta que se ocupa en un inmundo portal, para indicarles que con ellos, sin duda, está Jesús y que son la prueba palpable de su existencia. Es esa lucha por la fe, por querer creer, por conseguir una paz interior que le permita sobrevivir sin excesivo desgaste, la que hizo que escribiera hace unos años, a la vuelta de una estancia en el Monasterio de Silos, la carta que, como colofón a este recorrido vital, a continuación se transcribe.

En la misma aparecen todos sus miedos, angustias y anhelos.

"(…)" Al terminar este año, duro pero "cordial" –amable y eminentemente bueno con los míos, mas no con la humanidad en su conjunto– , querría escribirle una carta, retomando un esquema de un escrito mío ya antiguo, a Él, a Dios, aunque lo que necesitaría, y aquí el tiempo no pasa, es oírle, escucharle, y no que me oiga él a mí.

En ella, en la búsqueda periódica, casi ansiosa, de libros que me orienten en su encuentro, alternando la poesía más intimista con la teología de Jesuitas como Ellacuría, el gran "Ellacu" como le llama el teólogo Jon Sobrino en "Cartas a Ellacuría" –en Internet se encuentra la última misiva, que no aparece en el libro– , asesinados por propagar la necesidad del pobre –entiendo al excluido y al que sufre como la razón de ser del Misterio de Jesús y el único fin de la existencia de ser de Dios y en esto no transijo– , encuentro una paz que me mantendrá en pie hasta que casi sin fuerzas comienzo la lectura, como medicina, de otro libro que me aclare mi particular razón de vivir (no concibo que alguien no se plantee la razón, entendida como un gran misterio, de su existencia).

Conforme van pasando los años, más se desdibuja en mi recuerdo la imagen de Dios, al igual, y lo diré de nuevo como en aquel primigenio escrito, que determinadas personas que por mi vida pasaron y sé que nunca volverán (muchas, ellas lo saben y leerán esto, me causaron una grandísima sensación de orfandad nunca recuperada).

No quiero decir que haya desaparecido por el desagüe de mi particular desengaño vital, o pudiere ser que sí.

La vida, sus vicisitudes, el dolor humano, la injusticia, te exhiben lo mejor y lo peor de la condición humana. He conocido, y en el "haber", o acaso es el "debe", de alguna criatura superior, he de hacer el correspondiente apunte contable, seres excepcionales –cuya sola existencia te hacen pensar en una divinidad– que han surgido, resurgido sería la palabra, de la enfermedad y la desazón y han mostrado su mejor "yo" (el que diferencia a los seres sin igual).

Cuando se quiere, o se quiso, como es el caso, a alguien con intensidad y una pizca de desmesura –el amor es así– y ese alguien se ha ido a un lugar muy lejano, los rasgos de la cara se van difuminando hasta olvidarse.

Como ejemplos personales –y aquí el poeta Luis Alberto de Cuenca me echa una mano– , pondré el de mi hermana –a la que no hay día que no recuerde y sin embargo su voz ya no me es familiar y me desespero– , y el de la novia que siempre, siendo un adolescente, tuve, quien llegado el verano marchaba a la playa y yo olvidaba sus rasgos nada más despedirla, hasta que, de vuelta, y con la sensación de verla por primera vez, debía acariciar, muy despacio, sus mejillas y mirarle a sus ojos, mientras los besaba, para cerciorarme y darme cuenta que era ella quien volvía a mi vida y a mis brazos después de pasar lo que a mí se antojaba un interminable verano.

No sabía, en su periplo estival, construir sus rasgos en mi memoria, y me dolía, pero era también consciente, en los paseos que yo solo me daba por nuestros lugares comunes, ya anochecida la ciudad, en su búsqueda imposible, que cuando volviese a verla me daría la sensación de estar observándola como cuando por primera vez lo hice.

Y es que tanto más se difuminan los rasgos en el olvido cuanto mayor es el esfuerzo con que se trata, inútilmente, de retener las voces y los rostros.

De esta manera no recuerdo las facciones ni la cara de Dios, como me pasaba con ella, la que tanto quise cuando la vida todavía no me había enseñado su cara más amarga, cuando se iba a la playa.

Tú te fuiste Dios a la playa también hace muchos años; y ahora digo la playa porque hasta que no tuve hijos no me gustó demasiado, precisamente, porque llegaba agosto

y todos mis amigos, la gente que quería, y que me sumían
con su marcha en la soledad que tanto me espanta –la que
te revuelve y destroza– pero que tanto busco, se iban a
la playa dejándome tirado en Madrid cuando más les necesitaba (de ahí mis interminables paseos por los portales
conocidos, los rincones donde amábamos a escondidas, con
el aire clandestino del que cree conoce todos los secretos de
la vida, y los parques en los que pasábamos horas y horas
con inolvidables amigos que ya no lo son ni están –y que
supone, doloroso, otro ejemplo claro del porqué te me has
ido por el desagüe de ese desengaño ya escrito–).

Es desde entonces cuando pienso que a la playa se van
todos aquellos –y los últimos años me ha pasado también
pero en una marcha hacia otros lugares– que yo hubiere
querido conservar a mi lado. A una playa vacía, ignorada
–por ignorarme– cuyo rasgo esencial es el vacío y la ausencia. La playa donde no soy, donde no he sido ni seré más
que una especie de "sueño de una sombra".

Debió ser hace unos años cuando te marchaste a esa playa, en pleno terremoto vital en el que seguía buscándote en
poblados marginales, al lado de curas que acogían en sus casas, habilitadas con el amor tuyo o a ti, que no es lo mismo
pero es igual, a enfermos terminales, tanto de la vida como
de la salud; grandes olvidados que conformaban entonces
el tercer mundo y ahora el cuarto (es escalofriante, y seguro
que a ti te aterra como a mí, que se celebren grandes fastos
de protección a la familia a escasos kilómetros de donde
otros seres, en esta misma ciudad, también familias, mas
estas pobres de solemnidad, malviven y se mueren en vida).

Fue el conocimiento y el compartir, y departir, con aquellos chicos y chicas ya fallecidos, lo que me mantuvo alerta en tu existencia, posponiendo para mejores ocasiones el continuar tu incesante búsqueda (obsérvese la de veces que la palabra se repite… y es que es una de las palabras más bonitas escritas en castellano, por lo que tiene de significado).

Buscamos desde el Unicornio Azul de Silvio Rodríguez, hasta la cebolla de Miguel Hernández, con forma de nana, para que malcoma su hijo, y no se lo lleve la hambruna.

Aquéllos fueron tiempos en los que conversaba contigo, y ahora lo veo claro, a través de ellos, tus verdaderos hijos; en las cárceles de Carabanchel, Navalcarnero, en las camas en las que agonizaban, en las comisarías, procurándoles que el policía de turno les dejara meterse el pico con el que, homenajeándose al salir del permiso carcelario anhelado, ponían fin a su existencia –que era todo menos eso– en un lúgubre portal al que acudían buscando –de nuevo la palabra– a la novia que dejaron al entrar y que ya no era ni estaba.

Posteriormente, retomando el proyecto de la Agencia antidroga de la Comunidad de Madrid te volví buscar en el poblado de Las Barranquillas, pero he de decirte que ahí sí que no estabas, te lo aseguro.

No estabas en el perrillo, que situaba Juan Ramón con Platero, que cosían los voluntarios de Médicos del Mundo, a pelo, sin anestesia, con las tripas fuera, atropellado, porque era la única pertenencia y compañía del enfermo que por subvenir a su dosis vivía, literalmente –y yo lo he visto, tú no, pues no estabas, repito– en un contenedor o cubo de basura –¿o acaso eras tú quien lo cosías?– .

Ahí no te encontré y eso sacudió mi conciencia violentísimamente y me alejó de ti con odio, el odio del engañado, del corneado por su conciencia y tu inconsciencia.

Con el paso del tiempo uno tiende a buscarle causas a todo y creo que lo descrito, el tiempo que pasé entre las cepas irreductibles de tuberculosis asociadas al sida, en el "cuarto mundo" del que hablé, junto con la lectura de determinados poetas que no dejaban de buscarte, fue lo que propició el tremendo remolino interior que me apartó de ti.

Pero ¡ay amigo!, ahora que las canas ya son mayoría, que mi horizonte vital se nubla, que mi desazón crece y que empiezo a querer quererte, necesito que me ayudes.

Me es imposible, ya lo dije, reconstruir tus facciones, pero si aprieto los puños y me concentro, e intento recordarte con intensidad, a lo mejor un día vuelves de la playa donde yo no estoy nunca, me olvido del rencor que me come por tus desplantes al prójimo, vuelvo por unos momentos de la lectura que me devora y nos tomamos algo juntos antes de que me muera y te pueda olvidar del todo (porque amigo, sin rencor alguno, he de decirte que si aquí no te veo –y tanto te necesito– , allí, donde ya no me harías falta alguna, dudo que te encontrara).

Quizás en esa playa en la que estás, mientras las mareas se deciden en los albores del día, una mano clandestina te ice a sus pateras, a sus cayucos, y grite tu nombre entre la desesperación del hombre y el hambre. Prometo entonces que si a buen puerto les condujeses te traeré yo por mí mismo de la playa, la playa a la que te fuiste hace tanto tiempo y a la que deseo ir a por ti y que nunca jamás me abandones".